Ayudando a nuestros hijos

Other pedagogical books by /
Otros libros pedagógicos por
Alma Flor Ada & F. Isabel Campoy

**A Magical Encounter. Latino Children's
Literature in the Classroom.**
Mariposa Transformative Education

**Authors in the Classroom. A Transformative
Education Process.** Allyn & Bacon

**Está linda la mar. Para entender la poesía y
usarla en el aula.** SantillanaUSA

**Owning Meaning. Spanish Vocabulary for
Academic Success in English.**
Mariposa Transformative Education

**Spanish Literacy. Strategies for Early
Learners.** Frog Street Publisher

Available from: **www.delsolbooks.com**

Alma Flor Ada * F. Isabel Campoy

AYUDANDO A NUESTROS HIJOS

MARIPOSA. Transformative Education.
San Rafael, California

Diseño y cuidado de la edición: Altea Ortiz Salvá
Ilustración de cubierta y página de título: Marcela Calderón

Mariposa Transformative Education Services
50 Pikes Peak
San Rafael, CA 94903
www.almaflorada.com
www.isabelcampoy.com

ISBN 978-1-938061-51-6

Printed in the United States of America

A todos los padres y madres
que sueñan con un mejor futuro para sus hijos
y se esfuerzan en orientarlos
para que lo alcancen.

Y en agradecida memoria a nuestros padres:
Alma Lafuente Salvador y Modesto Ada Rey
María Coronado Guerrero y Diego Campoy Coronado

Índice

INVITACIÓN

Este manual será un instrumento útil para los padres y familiares que quieran ayudar a sus hijos a tener éxito en la escuela y en la vida.

Las sugerencias que aparecen aquí son todas muy sencillas, pero también muy importantes. Son fruto de la experiencia acumulada de cientos de familias que en los últimos 50 años han educado a sus hijos en los Estados Unidos.

Las recogemos aquí con mucho respeto por las madres y padres latinos, por sus sueños de dar a sus hijos una vida mejor, por su deseo de que nuestros niños crezcan sanos y felices. Y que lleguen a desarrollar todas sus habilidades para ser personas de bien y útiles a la sociedad.

Algunos de estos consejos se refieren a los niños pequeños, pero la mayoría de las recomendaciones que damos aquí son válidas para todas las edades. Precisamente, mientras más crecen sus hijos más necesitarán de su apoyo, su comprensión y su protección.

Los primeros años de la vida de los niños son muy importantes. Allí se forja el carácter y la personalidad y se crean los buenos hábitos que acompañan a lo largo de la vida.

Los padres y los familiares cercanos son los primeros y más constantes maestros de los niños. Nadie podrá velar por los niños como los padres y familiares, nadie podrá ayudarles más.

Es necesario enviar a los niños a la escuela. Y apoyar la labor del maestro. Pero no puede abandonarse ni descuidarse la educación que se lleva a cabo en el hogar.

A medida que los niños se convierten en jóvenes los peligros que se les presentan serán mayores: pueden aparecer amistades negativas que les sugieran que dejen la escuela, que les propongan usar o vender drogas, que los inviten a unirse a gangas o pandillas. O pueden iniciar relaciones y tener hijos antes de estar preparados para cuidarlos y mantenerlos.

Los padres estarán en mejor condición de guiar a sus hijos adolescentes si desarrollan una relación de confianza desde que son pequeños. Pero, nunca es tarde para esforzarse en ayudar a nuestros hijos.

En este manual encontrarán algunos puntos de reflexión muy importantes: las razones para mantener el español, el valor de hablar bien dos idiomas, la necesidad de alimentar no sólo el cuerpo de los niños sino también su espíritu. También encontrarán sugerencias prácticas sobre la relación entre el hogar y la escuela y los hábitos que ayudarán a sus hijos a triunfar. Encontrarán recomendaciones específicas de actividades para realizar con sus hijos. Son ejemplos de otras actividades que ustedes mismos podrán crear.

Por último hemos añadido a esta nueva edición tres breves tesoros para compartir con sus hijos: El primero de adivinanzas, trabalenguas y refranes. El segundo es de fábulas tradicionales en versiones modernas. El tercero de poemas, en su mayoría escritos por las autoras. Esperamos que disfruten compartiéndolos con sus hijos.

La vida es muy rica. El futuro de nuestros hijos no tiene límites. Todos podemos ayudar a crear un mundo mejor. Empecemos por reconocer agradecidos los dones de la vida y el amor de nuestras familias.

El aprendizaje del inglés

Todos los padres quieren que sus hijos triunfen en la escuela porque saben que el triunfo en la escuela los prepara para la vida.

En los Estados Unidos los niños al crecer necesitarán poder expresarse en inglés. Es muy importante, por lo tanto, que se les prepare para funcionar bien en inglés.

La mejor preparación para que un niño o una niña adquiera un buen manejo del inglés es que aprenda a usar bien su lengua materna. En el caso de sus hijos, esto quiere decir que **hablarles en español, ayudarles a aprender a razonar y a comunicarse bien en español, es el mejor camino para que aprendan bien el inglés.**

Los niños que hablan español en el hogar y, paralelamente, aprenden en español y en inglés en la escuela, no sólo aprenden mejor sino que, luego, tienen la ventaja de saber dos idiomas.

Para ayudar a sus hijos, no es necesario que ustedes hayan ido a la escuela, tampoco es necesario que sepan inglés. Lo que es importante es que ustedes estén deseosos de colaborar.

Las páginas siguientes les darán algunas sugerencias prácticas. Todas ellas presuponen que ustedes les hablen en español a sus hijos y que insistan en que ellos les contesten en español.

Los padres y familiares son los primeros

y los más constantes maestros

de sus hijos.

El uso del español en el hogar

Algunos padres temen que si les hablan español a sus hijos, los niños no van a aprender inglés, o que se van a confundir y no van a aprenderlo bien.

Estos pensamientos están equivocados. Aprender un idioma, lleva tiempo. Como crecer. Ustedes no pueden obligar a sus hijos a que crezcan rápido. Aun si les hicieran comer todo el día, los niños no podrían crecer más rápido. Se enfermarían, podrían incluso llegar a morirse, pero no podrían crecer más rápido.

Lo mismo ocurre con el aprendizaje de un idioma. Lleva tiempo. Lo que se aprende un día sirve de base a lo que se aprende el día siguiente. Toma de 5 a 6 años aprender a hablar un idioma bien, para poder competir con un hablante nativo.

Nada ayuda tanto a aprender un segundo idioma como el tener una buena base en el primero. También ayuda el aprender con gusto, con alegría, sin apuros ni prisas, y sobre todo sintiéndose bien sobre sí mismo.

Hablar dos idiomas es un gran tesoro. Y cada día será más una necesidad.

Es una gran pena que muchas personas que pudieran ayudar a sus hijos a tener dos idiomas, les permitan tener sólo uno.

Así como es mejor tener dos ojos, dos manos, dos pies y no uno solo, es mejor saber dos idiomas y no uno solo.

Las personas que tienen altos medios económicos y buena educación se esfuerzan por dar a sus hijos dos o más idiomas. Saben que les están dando un mejor futuro sea cual sea la profesión que elijan.

Cada día hay más oportunidades para las personas bilingües y más necesidad de saber español bien.

¡Qué lamentable que algún día nuestros hijos sufran por no saber español como hoy sufren sus padres por no saber inglés!

El inglés es necesario. Pero el inglés sólo no basta. Hay mucha gente pobre en los Estados Unidos, mucha gente sin trabajo y sin hogar, que habla inglés, pero que sólo habla inglés.

Pero será difícil encontrar a alguien que hable, lea y escriba bien dos idiomas y no encuentre trabajo.

Saber dos idiomas es, hoy en día, una necesidad.

Sugerencias prácticas

Si los niños están acostumbrados a usar inglés en la casa, tendrá que hacer un esfuerzo especial para habituarlos a hablar en español. No se desanime. Sepa que les haciendo un inmenso favor que algún día le agradecerán. Trate de implementar el uso del español en la casa con cariño y alegría. Pero no permita que sean los niños los que tomen una decisión tan importante.

Usted los ha protegido de peligros toda la vida. No les permita perder un idioma que cuando crezcan necesitarán. Impedir que pierdan su idioma es como impedir que los atropelle un tren.

1. <u>Hable sólo español en la casa</u>. Si los niños se han acostumbrado a hablar sólo inglés y parecen no entender, apóyese con movimientos o con gestos. Recuerde que, cuando nacieron, no sabían hablar ningún idioma.

2. <u>Exija que los niños contesten en español</u>. Cuando contesten en inglés, diga usted en español lo que ellos dijeron en inglés y pídales que lo repitan en español.

3. <u>Hágalos sentirse bien cuando hablan en español</u>. Recuérdeles la importancia de dos idiomas, de poder hablar con facilidad con la familia.

4. <u>Acompañe con español las muestras de afecto</u>, los premios, los regalos, todo lo que a ellos les guste. Hágales sentir que el español, además de útil, es el idioma del cariño familiar.

5. <u>Cante con ellos en español.</u>

6. <u>Cuénteles cuentos en español</u>. Los cuentos que oyó en su infancia o los cuentos y fábulas de los que hay al final del libro.

7. Enséñeles adivinanzas, rimas, trabalenguas, y poemas. Al final del libro hay materiales que le ayudarán.

> **Cuando los niños hablan español los padres continúan siendo sus maestros.**

> **Enseñarles español bien a nuestros niños es regalarles un buen futuro.**

Muestras de afecto

Los padres pueden ayudar mucho a sus hijos. Mientras más felices se sienten los niños, más fácil les será aprender. Mientras más seguros están los niños de que sus padres los quieren y los aprecian, mejor les va en la escuela. Así que es muy importante demostrarles a los niños que se les quiere y que se les aprecia.

No se trata de consentir a los niños, de malcriarlos, de darles regalos. Se trata de descubrir las buenas cualidades que tienen todos los niños y de demostrarles que se les valora.

Sugerencias prácticas

1. <u>Propónganse todos los días descubrir una nueva cualidad en su hijo o en su hija.</u> Todos los niños tienen buenas cualidades. Aun los que no sacan buenas notas pueden ser cariñosos,

corteses, amables, simpáticos, honestos, trabajadores, ordenados, buenos, generosos. Háganle saber a sus hijos que reconocen sus buenas cualidades.

2. <u>Reconozca que quiere a su hijo por ser quién es.</u> Dígaselo. Hágale sentir la seguridad de que cuenta con el cariño y el aprecio de su familia sin que necesite hacer nada en particular para que le estimen.

3. <u>Preste atención a las cosas que son importantes para sus hijos.</u> Pregúntenles cada día qué han hecho o aprendido en la escuela. Interésese e en las cosas que les gusta hacer a sus hijos, ya sean películas, música, deportes, juegos.

Pídales que le expliquen algo sobre esos pasatiempos.

4. <u>Interésese en los amigos de sus hijos.</u> Pregúnteles quiénes son sus amigos, cómo son. Trate de conocerlos. Los amigos pueden tener mucha influencia sobre nuestros hijos. Es importante ayudar a los

niños a tener buenos amigos. Recordemos la enseñanza que encierran estos refranes:

Dime con quién andas y te diré quién eres.

Quien a buen árbol se arrima,

buena sombra le cobija.

El afecto logra más que el castigo. Los niños que se saben queridos aprenden mucho más y actúan mejor en la escuela.

El lenguaje

Los padres son los primeros maestros de sus hijos. Y una de las cosas más valiosas que los padres enseñan a sus hijos es a hablar, a usar el lenguaje. Esta enseñanza hay que continuarla, a medida que los niños van creciendo.

En la escuela casi todo el aprendizaje se realiza por medio del lenguaje. Los niños escuchan explicaciones y contestan preguntas.

Mientras más acostumbrados estén los niños a escuchar con atención y a expresarse claramente, mejor les irá en la escuela.

Sugerencias prácticas

Para acostumbrar a sus hijos a escuchar con atención y razonando:

1. Cuénteles cuentos que usted sepa, cuentos que le contaron en su infancia.

2. <u>Cuénteles historias de la familia y de su propia vida</u>. Hábleles de momentos importantes. Explíqueles por qué ha tomado ciertas decisiones. Descríbales personas y lugares que conozca.

3. <u>Cuénteles experiencias de cada día</u>, las cosas que suceden en el trabajo, las noticias que recibe de otros miembros de la familia.

4. <u>Conversen sobre noticias de la televisión</u>, la radio o el periódico. Conversen sobre qué ocurrió, cómo ocurrió, por qué ocurrió. Planteen si algo pudo haberse evitado, si pudo haber ocurrido de otra manera y qué enseñanzas pueden sacarse de esas experiencias.

5. <u>Descríbales cómo era la vida cuando usted era de la edad de sus hijos</u>. Explíqueles qué cosas eran distintas entonces. Descríbales en qué forma eran distintos otros lugares en los que haya vivido alguna vez.

6. <u>Ayude a sus hijos a recordar experiencias de cuando eran más pequeños</u>. Qué cosas le gustaban, qué decían, qué hacían.

Para acostumbrar a sus hijos a hablar con claridad:

1. <u>Pídales que le cuenten lo que han hecho, o lo que han aprendido cada día.</u>

2. <u>Invíteles a conversar sobre sus amigos y sus juegos.</u>

3. <u>Pídales que le cuenten</u> los programas y películas <u>que ven en la televisión o en el cine.</u>

4. <u>Pregúnteles su opinión sobre las cosas que ocurren a su alrededor.</u>

Es importante que sus hijos se expresen con claridad y que razonen. Anímelos a hacerlo, con preguntas del tipo de:

¿Y qué pasó luego?

¿Cómo pasó?

¿Por qué crees que pasó de esa manera?

¿Pudo haber sido de otro modo?

Cree un ambiente de confianza para que los niños puedan expresar sus sentimientos y sus emociones sin temor. Ayúdeles a contarles cómo se siente, qué problemas tienen, qué cosas les preocupan y cuáles les alegran.

Los niños necesitan tener a quién contarles lo que les pasa, lo que sienten. No es necesario que usted encuentre una solución a los problemas de su hijo o de su hija. El propio niño, o la propia niña, podrá encontrar casi siempre la solución. Lo importante es que sienta que le escuchan y que le comprenden.

Por ejemplo, si su hijo o su hija le cuenta que se ha peleado con un amigo, lo más importante no es tratar de darle una lección sobre la amistad, sino animarle a que cuente cómo ocurrió, por qué ocurrió; y luego, pedirle que le diga cómo se siente. Es muy importante, entonces, decirle que le ha oído y que comprende cómo se siente.

Más adelante podrán hablar sobre cómo actuar en el futuro.

Desarrollar el lenguaje de los niños es darles una importante herramienta para la vida.

La atención

Mucho del aprendizaje que se lleva a cabo en la escuela se produce cuando los niños escuchan a los maestros.

Un niño que llega a la escuela acostumbrado a escuchar, es un niño preparado para aprender.

La buena atención es una herramienta del aprendizaje.

Sugerencias prácticas

1. <u>Cuénteles cuentos a sus niños</u>. Los cuentos que usted oyó en su infancia; relatos de cosas que han pasado en su familia, cuentos que usted quiera inventar.

2. <u>Invítelos a que ellos le cuenten a usted</u>. Pídales que le vuelvan a repetir lo que usted les ha contado.

3. <u>Enséñeles alguna rima o poesía</u> que se sepa. O aprendan juntos alguna nueva.

4. <u>Enséñeles la letra de una canción</u> y luego cántenla juntos con entusiasmo y alegría.

Para llevar a cabo estas actividades puede utilizar los materiales que se ofrecen al final del libro.

Los niños que están acostumbrados a prestar atención, están bien preparados para aprender.

El razonamiento

Es importante que los niños descubran cómo funcionan las cosas y que se acostumbren a solucionar problemas desde pequeños.

Aproveche toda oportunidad para acostumbrar a razonar a su hijo o a su hija.

Sugerencias prácticas

1. Si van de compras, muéstrele a su hijo o su hija el precio de algunas cosas que van a comprar y pregúntele: ¿Alcanzarán $5 ($10, $20) para comprarlas?

2. Si van al banco, a correos, a una tienda, permita que sea la niña o el niño quien pida lo que se necesite, quien entregue y reciba el dinero, etc. Anímele a que cuente el cambio para ver si es correcto, que verifique que le han entregado lo que pedía, etc.

3. <u>Anime a su hijo o a su hija a utilizar el teléfono</u> para pedir información de distintos servicios. En cuanto sepa leer, pídale que busque números en las páginas amarillas del directorio.

4. <u>Si tiene computadora</u>, pida al niño o a la niña que busque información sobre lo que usted le indique. Debe asegurarse de que su computadora no tiene acceso a sitios inapropiados.

5. <u>Si compran un aparato, mueble o juguete</u> que necesita ser armado, enséñeles las instrucciones. Anímeles a observarlas o a leerlas y a tratar de darse cuenta de cómo se arma el mueble o cómo funciona el aparato o el juguete.

En resumen, comparta sus experiencias y sus conocimientos con sus hijos en todo lo posible. Si le enseña a sus hijos todo lo que usted sabe les estará ayudando a prepararse para la escuela y para la vida.

Los hijos necesitan ejercicio

no sólo para su cuerpo,

sino también para su inteligencia.

La lectura

Es sumamente importante que los niños se acostumbren a leer y que les guste la lectura. La lectura, ya sea en papel o en la pantalla, es esencial para el progreso escolar y profesional.

Una de las ventajas que ofrece este país es que hay excelentes bibliotecas públicas que prestan libros de todo tipo, con gran facilidad.

Los niños a quienes les gusta leer generalmente tienen mucho mejor rendimiento en la escuela.

Sugerencias prácticas

1. Lleve a su hija o a su hijo a la biblioteca pública y sáquele carnet de lector.

2. Visiten la biblioteca pública regularmente, por ejemplo una vez a la semana, y lleven libros de la biblioteca a la casa.

3. Anime a sus hijos a sacar libros de la biblioteca de la escuela.

4. Cada vez que pueda, regale libros a sus hijos. Pueden conseguirse muy buenos libros usados, por poco dinero.

5. Insista en que sus hijos no vean mucha televisión o pasen mucho tiempo con los videojuegos, y que, en cambio, lean más. Uno de los mejores modos de conseguirlo es leyendo juntos.

6. Reserve unos minutos cada día para leer con sus hijos. Puede leerles usted. Puede pedirle a otra persona, por ejemplo, una hermana o un hermano mayor, que lea. O pueden hacer que cada uno de los niños lea.

7. Anímeles a cuidar los libros. Si es posible, deles un estante o un lugar específico para que coloquen los libros y vayan formando su pequeña biblioteca.

8. Participen en los programas de la biblioteca pública. Si la biblioteca pública organiza algún programa de lectura de cuentos o

algún club de lectores, inscríbalos y
asegúrese de que participan.

Los niños que aman los libros

aman el estudio

y triunfan en la escuela.

La escritura

Es de gran importancia que su hijo o su hija aprenda a escribir bien. Los mejores modos de ayudarle son:

❖ Darle oportunidades para que escriba.

❖ Mostrar interés en lo que escribe.

❖ Guardar con cuidado lo que escribe, si es posible, ponerlo en una carpeta o cubrirlos con páginas plásticas, para protegerlo, pero mantenerlo al alcance, para que el niño o la niña lo siga viendo.

Sugerencias prácticas

1. Anime a sus hijos a escribir a familiares y amigos aun si viven cerca.

2. Hagan una lista de los cumpleaños de familiares y amigos. Anime a sus hijos a escribir cartas de_felicitación a los familiares. Es mejor si

hace sus propios dibujos. Si usa tarjetas impresas, estimulen a que el niño o la niña no se limite a firmar, sino que escriba algo.

3. Estimúlenles a escribir libros de cuentos.

4. Anímeles a hacer un diario, escribiendo o dibujando algo cada día.

5. Pídales que escriban notas, apuntes, listas de la compra, todo lo que les estimule a escribir.

6. Regáleles cuadernos o libros en blanco. Anímeles a copiar letras de canciones, poemas, refranes o adivinanzas para hacer sus propios libros. Pueden hacer dibujos para que los libros sean todavía más bonitos.

> **Quien sabe hablar, leer y escribir bien**
> **en dos idiomas tiene**
> **muchas más oportunidades de triunfar.**

La memoria

Es útil tener una memoria bien desarrollada. Es fácil desarrollar la memoria de los niños si se emplean cosas divertidas. Las que recomendamos aquí serán útiles no sólo para desarrollar la memoria, sino también para desarrollar el lenguaje. Además contribuyen a que los niños se sientan orgullosos de su lengua, de su cultura y de su familia.

Sugerencias prácticas

1. Canten una canción cada día con sus hijos.
2. Enséñeles los trabalenguas, adivinanzas o refranes que se sepa o los que aparecen al final del libro.
3. Estimúleles a aprenderse poemas de memoria y a recitarlos.
4. Anímeles a recordar las fechas de los cumpleaños de los miembros de la familia.

5. <u>Estimúleles a aprenderse de memoria los números de teléfono de su casa</u>, de su trabajo o de algún familiar o amigo que pueda ayudar en caso de emergencia.

6. <u>Anímeles a aprender su dirección y las direcciones de algunos familiares</u>.

**Ayudar a los niños
a desarrollar bien su memoria
es darles una buena herramienta
de aprendizaje.**

Buenas relaciones entre el hogar y la escuela

Los niños pasan su vida entre dos mundos: el hogar y la escuela. Es muy importante, para ellos, saber que estos dos mundos no se oponen, sino que, por el contrario, se complementan.

Seguramente, la escuela va a invitarlos en algún momento a asistir a alguna reunión de padres. Hagan todo lo posible por asistir. Pero no se limiten a ir a la escuela sólo cuando los invitan.

La escuela es un servicio para toda la comunidad. La escuela tiene como meta ayudar a los niños y a las familias de los niños. Los padres tienen derecho a visitar la escuela, a conocer al director o a la directora y a los maestros, a hacer preguntas sobre los programas.

Cuando los padres van a la escuela y muestran su interés por el progreso de los niños, es más fácil para los maestros poder ayudar a sus alumnos.

Conversen con los niños sobre la escuela, sobre los maestros y las demás personas que trabajan allí, sobre lo que ocurre cada día. Este interés suyo contribuirá a que los niños sientan que la escuela es importante.

Conversen con otros padres que tienen niños en la misma escuela. Plantéense cómo pueden colaborar con la escuela en beneficio de sus hijos.

Conozca personalmente a los maestros de sus hijos. Asegúrenles que ustedes quieren que sus hijos estén al día y sean de los mejores de la clase. Pregunten cómo desean los maestros que ustedes complementen la labor de la escuela.

Los padres son los primeros maestros. Formar una alianza entre la escuela y el hogar será de gran beneficio para todos.

La salud de los niños

El descanso

Es de gran importancia que los niños descansen suficientemente. Si un niño está cansado, es muy difícil que pueda prestar atención en la escuela y que pueda aprender.

Haga todo lo posible porque sus hijos se acuesten y se duerman temprano.

No les permitan ver películas de horror y de violencia, sobre todo antes de ir a dormir.

La alimentación

Igualmente importante es la alimentación adecuada. El exceso de azúcar y de productos químicos, como los preservativos que se les añaden a algunos alimentos, también impiden a los niños atender y aprender.

Procure darles a sus hijos alimentos frescos y naturales. Es mejor darle jugos de frutas que bebidas gaseosas, frutas que dulces o caramelos, vegetales frescos y ensaladas que comida precocinada.

El entretenimiento

Es importante que los niños jueguen y se diviertan. Los juegos les sirven a los niños para aprender muchas cosas.

Al elegir juguetes para sus hijos, procuren que sean juguetes que estimulen la imaginación. Eviten los juguetes de pilas o electrónicos en los cuales los niños tienen poca participación. Y evite los juegos de violencia.

Prefieran rompecabezas, juegos de memoria, bloques de construcción, juguetes con distintas figuras con las cuales los niños pueden armar una granja, un pueblo, un aeropuerto, por ejemplo. Y con los cuales ellos inventarán sus propias historias.

Lamentablemente hay muchos juegos electrónicos que fomentan la violencia. Evite que sus hijos jueguen a matar o destruir. Hay juguetes electrónicos que facilitan el aprendizaje y el razonamiento de los niños, pero no permita que se pasen demasiado tiempo frente a la computadora o jugando con un juguete electrónico. Estimúlelos a jugar al aire libre, a hacer deportes, a caminar y correr.

Hay un antiguo consejo que encierra una gran verdad: "Mente sana en cuerpo sano."

> # La buena salud es una buena base para el buen aprendizaje y para toda la vida.

Promover la constancia y el esfuerzo

El mejoramiento humano depende del esfuerzo y la constancia. A los niños hay que enseñarles a tener constancia, a no darse por vencidos.

Sin constancia no se llegan a alcanzar grandes metas. Ha sido por la constancia y el esfuerzo que los investigadores han enriquecido el mundo con la electricidad, el teléfono, el cine, la televisión, los progresos médicos. Ninguno de estos adelantos se realizó en un día, sino que son el fruto de mucho esfuerzo.

Cada vez más los estudios requerirán de sus hijos un mayor esfuerzo y una mayor dedicación.

Los niños que se acostumbran en el hogar a ser constantes y decididos, pueden enfrentarse al estudio con mayor facilidad y mayor probabilidad de éxito.

Sugerencias prácticas

1. Anime a sus hijos a completar las tareas y los juegos que comienzan: completar un rompecabezas o terminar de leer un libro los enseña a perseverar.

2. Haga con sus hijos proyectos a largo plazo, que requieren constancia, como sembrar plantas en el jardín o en tiestos y luego cuidarlas y verlas crecer.

3. Deles un libro o cuaderno en blanco en el que cada día dibujen o escriban. Revisen juntos el libro con frecuencia junto y háganle reparar en su progreso.

   El libro puede llamarse GRACIAS y cada día escriben o dibujan sobre algo que agradecen: el hogar, la familia, los amigos, la escuela, los alimentos, la luz del sol, el agua, los libros... Hay mucho por lo que estar agradecidos a la vida. Estas reflexiones diarias no sólo desarrollan la constancia sino también el razonamiento.

4. Comparta con los niños cualquier habilidad que tenga: coser, bordar, tejer, cocinar, trabajar en madera, pintar. Enséñenles a ayudarle primero y luego a acompañarle en estas tareas.

**Aprender a ser constante
y no darse por vencido
es estar en condiciones de triunfar.**

Disciplina sin violencia

Todas las personas necesitan obedecer ciertas reglas para que podamos vivir en sociedad. La disciplina es importante para los niños.

La violencia, en cambio, es una de las fuerzas destructivas. Cuando a un niño se lo castiga con violencia se le hace mucho daño. Si se siembra violencia, se cosecha violencia o se daña el espíritu de los niños para siempre.

Es necesario enseñar con el ejemplo y poner normas de conducta que les faciliten a los niños portarse bien. Si es necesario reprender a los niños tiene que hacerse con firmeza, pero sin violencia.

Si un niño se porta mal, primero se le debe explicar por qué se ha portado mal y las malas consecuencias de su conducta. En muchos casos un buen regaño es suficiente. Si el niño está acostumbrado a que sus padres lo celebren, le dolerá el haberlos disgustado.

Si el regaño no es suficiente, se pueden usar castigos no violentos, proporcionales a la acción del niño: sentarse en silencio por un tiempo establecido, ir a su habitación, no ver la televisión ni jugar juegos electrónicos.

Todos cometemos errores alguna vez. Por eso es muy importante separar lo que los niños han hecho mal de los niños mismos. Hay que hacerles comprender que algunas veces no aprobamos su conducta, pero que los queremos siempre

Sugerencias prácticas

1. Establezca normas muy específicas, de lo que es aceptable y no aceptable en su familia.

2. Explique a sus hijos que las acciones tienen consecuencias y que es necesario tomar responsabilidad por nuestras acciones.

3. Use un tono de voz firme, pero no grite ni se exaspere. El tono de voz es muy importante. Trate de mantener un tono firme y sereno. Los gritos no son eficaces.

4. <u>Sobre todo, refuerce siempre la idea de que ama al niño, a la niña.</u> Que no acepta su acción, que le duele su conducta. Pero que sabe que su hijo o su hija es una persona buena y que usted le quieren mucho.

Dígale directamente: *"Yo te quiero mucho. Y porque te quiero no te puedo dejar actuar mal. Tú eres una bella persona. Te mereces todo mi cariño. Pero esa acción tuya (mencione exactamente la acción) no es aceptable. Y no la puedo tolerar."*

5. <u>Nunca les diga a los niños que son malos</u> ni otras palabras negativas. Los niños se convierten en lo que los adultos le dicen que son. Por eso es necesario decirles siempre que son **buenos, generosos, inteligente, capaces, y que son muy importante para nosotros.** Nunca hay que decirles que vamos a dejar de quererlos. Aunque a veces no lo parezca así, a los niños les gusta complacer a sus padres y desean que sus padres se sientan orgullosos de ellos.

6. Si da una orden o una prohibición, manténgala. Por eso, no vale la pena dar demasiadas órdenes sino sólo las necesarias y las que vamos a respaldar.

7. Déles muchas muestras de afecto: palabras cariñosas, elogios, reconocimiento de los esfuerzos con palabras apropiadas, abrazos, besos. Mientras más querido se sientan sus hijos, mejor van a reaccionar. No se trata de regalar objetos, sino de expresar verdadero interés en ellos.

8. Disfruten compartiendo. Déjeles ayudarle en sus labores y conversen y canten mientras las realizan.

9. Diviértanse juntos. Creen ocasiones de disfrute juntos: salir a caminar, ir al parque, a la playa, al campo, al zoológico, a la biblioteca. Visitar a amigos y familiares. Cantar juntos. Contar cuentos. Jugar juegos simples de mesa como el parchís, las damas chinas, el dominó.

Las diversiones sanas crean relaciones comunes que nos unen. Así se va logrando el respeto mutuo, el amor y el afecto. Y esto lleva a la unidad familiar.

**Cuando padres e hijos
conversan, cantan, trabajan y juegan juntos
la unidad familiar
se hace más profunda.**

La autoestima

La autoestima, el aprecio y respeto por uno mismo es parte esencial de la personalidad.

Las personas que tienen una autoestima positiva tienen mayores posibilidades de relacionarse bien con otras personas, de tener una actitud positiva y de triunfar en la vida.

Aunque la autoestima es algo que nace dentro de cada individuo, el trato que un niño recibe puede contribuir grandemente a cómo se vea a sí mismo.

Los niños son muy sensibles no sólo a las palabras que se les dice, sino a las actitudes de quienes les rodean. Un gesto de impaciencia o de desagrado, un tono de voz duro o áspero, pueden minar la autoconfianza de un niño. El estímulo y el reconocimiento lo ayudarán a desarrollarse sano y seguro de sí mismo.

Sugerencias prácticas

1. Cada día descubra algo positivo que decirles a cada uno de sus hijos. Sus hijos se beneficiarán de oír que son: listos, inteligentes, agradables, buenos, cariñosos, afectuosos, respetuosos, honrados, trabajadores, bien dispuestos, alegres, animados. No se canse de repetirles que le hacen sentir mucho orgullo.

2. Estimule a sus hijos a explorar nuevos lugares, a intentar nuevas actividades, procurando siempre que sean cosas que estén a su alcance para que experimenten éxito.

3. Déjeles saber con frecuencia que les quiere sin condiciones.

4. Demuestre interés por las cosas que les interesan a sus hijos: sus deportes, sus juegos, sus amistades, los libros que leen, lo que aprenden en la escuela.

A los niños y jóvenes les influye mucho
lo que se les repite que son.
Hágales saber que los considera
buenos, generosos, cariñosos,
inteligentes, trabajadores,
creativos, alegres
y eso les ayudará a serlo.

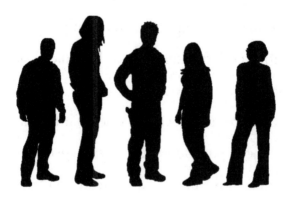

Los buenos modales

Si los niños llegan a la escuela bien preparados, les será más fácil adaptarse. Un buen comienzo servirá de base para un éxito continuo.

Los niños necesitan que se les prepare para ir a la escuela de diversas maneras.

Los niños que llegan a la escuela con buenos modales pueden dedicarse a aprender. El maestro o la maestra no tiene que dedicar su tiempo y atención a enseñarles buenos modales.

Los buenos modales les ganan a los niños el respeto y el aprecio de otras personas y ayudan a que los demás reconozcan sus buenas cualidades.

Sugerencias prácticas

1. Enséñenles a los niños a usar las palabras de cortesía, que les ganarán el respeto de todos.

Insistan en casa en que utilicen siempre palabras como estas para que se les haga un hábito usarlas:

- *Buenos días, Buenas tardes, Buenas noches*

- *Por favor*

- *Gracias*

- *Permiso* o *Con su permiso*

- *Perdón, Perdóneme* o *Discúlpeme*

2. También es importante enseñarles a:

- comer con la boca cerrada

- taparse la boca cuando tosen o estornudan

- usar servilletas de papel (Kleenex) para sonarse la nariz, y tener siempre la nariz limpia

- dejar pasar a otras personas cuando entran por una puerta

3. En la escuela hay reglas especiales, que los maestros explicarán a los niños, como no levantarse de su asiento sin permiso, no hablar sin levantar la mano, etc.

Los niños pueden aprender en casa a esperar su turno para hablar y no interrumpir cuando otra persona habla. Y así se les harán más fáciles las reglas de la escuela.

> **Los buenos hábitos
> aprendidos en el hogar
> ayudan a los niños
> a tener éxito en la escuela.**

El conocimiento de sí mismo

La autoestimación crece cuando uno sabe cosas de sí mismo.

Es necesario que los niños sepan que ellos son importantes.

Los niños deben saber cosas de sus padres y sus familias, para sentir que tienen raíces, que no son hojitas al viento, sino miembros de una familia que está allí para ayudarles y protegerles.

Sugerencias prácticas

1. Asegúrese de que su hijo o hija sabe:

- su nombre completo y sus apellidos

- el nombre y apellidos de su madre y de su padre o los familiares con los que vive

- los nombres de sus hermanos y hermanas

- los nombres de sus abuelos

2. Hábleles a sus hijos de su propia historia.

Asegúrese de cada uno sabe:

- el día de su nacimiento: día, mes y año

- cuántos años tiene

- algo sobre el día en que nació.¿ En qué lugar nació? ¿Quiénes estaban presentes? ¿Quiénes fueron las primeras personas que le vieron? ¿Qué dijeron?

- la historia de su nombre. ¿Quién lo escogió? ¿Por qué lo escogieron? ¿Tiene un significado?

3. Cree un álbum de fotografías para cada uno de sus hijos. Coloque las fotos en orden, de modo que sirvan para contar la historia de su hijo o de su hija. Vean el álbum con frecuencia y nárrele episodios de su vida, haciéndole ver cuán importante es para usted y para toda la familia y cuánto le quieren.

Todas las personas deben conocer su

historia.

Todos tenemos derecho a saber

que somos únicos y valiosos.

Y que somos importantes

para nuestros padres y nuestras familias.

Ayudar a nuestros hijos

a desarrollar su autoestimación

es prepararlos para el triunfo.

Crear tiempo para los niños

Las muchas exigencias de la vida diaria hacen que, a veces, sea difícil encontrar tiempo para los niños.

Los niños necesitan de atención, no solamente material, sino también emocional y espiritual.

Por eso es necesario crear el tiempo.

Sugerencias prácticas

1. Organicen de antemano la salida a la escuela. Pidan a los niños que la noche anterior preparen la ropa que van a ponerse en la mañana, y su mochila, de modo que en la mañana no haya discusiones ni sorpresas. Este simple detalle puede ahorrarle disgustos al comienzo del día y dejar tiempo para conversar durante el desayuno.

2. <u>Aprovechen el tiempo de llevar a sus hijos</u> a la escuela y el de recogerlos. Éste debe ser un tiempo para conversar. Al llevarles a la escuela, anímeles a mirar al día con entusiasmo y alegría, a disponerse a aprender, a estar dispuestos a dar lo mejor de sí.

Al regreso de la escuela, asegúrense de preguntarles lo que han hecho, lo que han aprendido, lo que han pensado, lo que han sentido.

3. <u>Faciliten la transición entre el hogar y la escuela</u> de los niños pequeños, acompañándolos hasta la puerta del salón de clases, saludando al maestro o la maestra y dándole un abrazo al niño o a la niña.

4. Si la escuela lo permite, sorprenda a sus hijos almorzando con ellos en el patio de la escuela. Cada vez que usted va a la escuela le está dando a sus hijos el mensaje de cuán importante es para usted la escuela.

5. Creen un horario para cuando sus hijos regresan a casa. Debe haber tiempo para hacer las tareas de la escuela, para jugar, para ayudar con algunas tareas de la casa, como poner la mesa o fregar los platos, y para leer juntos por 15 o 20 minutos como mínimo cada noche.

> **El tiempo no nace, se hace.**
> **Y nuestros hijos merecen que**
> **creemos tiempo para ellos.**

Desarrollo de conceptos básicos

Antes del primer grado

Cuando los niños pequeños llegan a la escuela sabiendo algunos conceptos básicos, se les hace más fácil aprender cosas nuevas.

Algunos de los conceptos que los niños pueden aprender en casa son:

- los colores
- los números
- las formas geométricas
- los tamaños
- los días de la semana
- las horas
- los meses del año
- las estaciones
- el alfabeto o abecedario

Todos estos son conceptos muy sencillos. Pero los niños no los sabrán si no han tenido oportunidad de aprenderlos. Llegar a la escuela sabiendo bien estos conceptos les ayudará mucho. No saberlos les retrasará.

Para enseñar estos conceptos no hace falta materiales ni preparación especial. Aquí le damos algunas ideas. Una vez que se lo proponga a usted se le ocurrirán muchas más.

Sugerencias prácticas

Los colores

1. Mencionen los colores de las cosas que los rodean cada vez que sea posible, al hablar con sus hijos. *Esa camisa blanca te queda muy bien. Tu falda roja es muy bonita. Por favor, alcánzame esa caja amarilla. Pon la jarra verde en la mesa.*

2. Háganles preguntas que les permitan reconocer y usar los colores. *¿De qué color quieres vestirte mañana? ¿Prefieres una manzana roja o una amarilla?*

Los números

1. <u>Aproveche todas las oportunidades posibles para enseñar el concepto de los números</u> al hablar con los niños. Anímenlos a contar los platos, tenedores, vasos que ponen en la mesa, las piezas de ropa que ponen en la lavadora. Pídales, por ejemplo, que le alcancen *dos vasos, tres tenedores, cinco cucharas,* para asegurarse de que realmente reconocen los números.

2. <u>Enséñenles a distinguir y escribir los números</u>

3. <u>Practique con ellos sumas y restas sencillas.</u> Hágalo con entusiasmo y alegría, como un juego: *A ver si sabes cuántos son tres y dos, siete y uno, nueve menos tres...*

Los días de la semana

1. Cada día díganles a sus niños qué día de la semana es. Recuérdeles: *Ayer fue sábado. Por eso no fuimos a la escuela. Hoy es domingo. Los domingos nosotros generalmente vamos a* _____ [Completen la oración mencionando algo que hacen los domingos].

Díganles: *Hoy es miércoles. ¿Qué día fue ayer?* para cerciorarse de que saben que fue martes. *¿Qué día será mañana? ¿Y pasado mañana?*

Las horas del día

Ayude a los niños a comprender las horas del día.

1. Mencione con frecuencia la hora que es y refuerce el horario que deben seguir:

Son las siete. Hora de levantarse.

Vamos a desayunar. Ya son las siete y media.

Te vendré a recoger a las tres de la tarde.

Son las cuatro. Tienes media hora para jugar.

Hasta las cuatro y media.

2. Enséñeles a reconocer la hora en el reloj.

El abecedario y las letras:

1. El mejor modo de enseñar el abecedario es con una rima o una canción. En el tesoro de poemas al final del libro encontrará uno del abecedario.

2. Refuerce el concepto de las letras individuales haciéndole reconocer las letras de su propio nombre, las letras con las que comienzan los nombres de todas las personas de la familia.

3. <u>Cree su propio libro de abecedario</u> con una página para cada letra: pueden poner una foto o dibujo de una persona, de un lugar o de algo importante para la familia cuyo nombre empieza con esa letra.

Puede ver ejemplos en:

www.authorsintheclassroom.com

De modo similar enséñeles todos los demás conceptos básicos:

- **las formas**: círculo, óvalo, cuadrado, triángulo, rectángulo, rombo o diamante
- **los tamaños**: grande, mediano, pequeño
  alto, bajo
  grueso, delgado
  mayor, menor
- **los meses del año**
- **las estaciones:** primavera, verano, otoño, invierno

A partir del primer grado

A los niños les ayudará mucho si, además de los conceptos ya mencionados, se les desarrolla y refuerza los conceptos siguientes. Recuerde que puede hacerlo en cualquier momento del día: mientras los lleva o trae de la escuela, mientras prepara la comida, mientras comen...

Lo importante es hacerlo como un juego, con alegría, que los niños se entusiasmen por poder contestar bien.

Algunos de los conceptos que quiere reforzar son:

- las tablas de sumar, restar y multiplicar
- los tamaños
- los opuestos, por ejemplo: nunca - siempre

Sugerencias prácticas

Tablas de multiplicar

Saberse bien las tablas de multiplicar va a ayudar mucho a sus hijos a resolver problemas de aritmética con facilidad.

En primer lugar es necesario que los niños comprendan que no se trata de una memorización inútil y que las tablas tienen un sentido.

3 x 2 = 6 porque 2 + 2 + 2 = 6

4 x 3 = 12 porque 4 + 4+ 4 =12

Una vez que hayan comprendido bien este concepto anímele a practicar las tablas. Aproveche toda ocasión para practicarlas:

¿Cuánto es 3 x 4? ¿A ver si sabes cuánto es 5 x 2?

Si el niño o la niña da la respuesta correcta celébrelo con entusiasmo diciendo algo como: *¡Excelente! ¡Muy bien!*

Si se equivoca, dele la respuesta correcta sin ofenderlo. Si le parece bien bromee sobre ello: *Si hubieras dicho 12 yo cantaría y no lloraría…porque 3 x 4 son 12.*

Después de hacerle otras preguntas vuelva a repetir aquella en la que se equivocó, para asegurarse de que la ha aprendido.

Haga todas estas actividades con alegría, como si fuera un juego.

Todos los conceptos aprendidos

en el hogar

servirán de base para aprender otros

en la escuela.

Los sentimientos

Los niños necesitan desarrollar la totalidad de sus habilidades y de su persona.

Necesitan desarrollar su espíritu: aprender a pensar y a crear.

Necesitan desarrollar su personalidad: aprender a sentir y respetar sus sentimientos.

Necesitan desarrollar su cuerpo: alimentarse bien, dormir y descansar y hacer ejercicios diversos que desarrollen todos sus músculos.

Necesitan desarrollar sus sentidos: aprender a observar y a escuchar con atención.

Sugerencias prácticas

1. Hable con los niños sobre sus sentimientos.

¿Cuándo se sienten tristes? ¿Alegres? ¿Qué cosas les disgustan? ¿Qué cosas les agradan? ¿Qué les asusta? ¿Qué les enoja?

2. Invítelos a encontrar en revistas fotos o dibujos que expresen distintos sentimientos. Déjeles recortar fotos o dibujos de revistas y pegarlos en una hoja en blanco para representar un sentimiento, por ejemplo "alegría", "miedo", "tristeza", "cólera".

3. Ayúdeles a reconocer que los sentimientos son naturales. Todos los sentimientos. Es importante aceptarlos, pero no dejarnos guiar sólo por ellos, sino tomar responsabilidad por nuestras acciones.

Reconocer nuestros sentimientos es importante para conocernos mejor.

Desarrollo del lenguaje

El lenguaje es el instrumento básico de aprendizaje en la escuela. Mientras más desarrollado el lenguaje, mayor la capacidad de aprendizaje de los niños.

Hay muchas maneras en que usted puede ayudar a sus hijos a desarrollar el lenguaje en el hogar.

Sugerencias prácticas

1. Lea a diario con sus hijos.
2. Cuéntenles cuentos. Anímenles a escuchar sin interrumpir.
3. Muéstrenles fotos de revistas y pídanles que describan lo que hacen las personas en las fotografías.
4. Anímenles a decir el opuesto de palabras. Por ejemplo, si usted dice *alto* el niño o la niña contesta *bajo*, si usted dice *nuevo* él o ella

contesta *usado* o *viejo*. Aquí tiene algunos
ejemplos:

alto ≠ bajo	*lejos -≠ cerca*
grande -≠ pequeño	*suave -≠ áspero*
grueso -≠ delgado	*ligero -≠ pesado*
antes ≠ después	*adentro ≠ afuera*
completo ≠ incompleto	*rápido ≠ despacio*
agradable ≠ desagradable	*feo ≠ bonito*
maduro ≠ verde	*alegre ≠ triste*

**El lenguaje es el instrumento básico
para aprender.
Mientras más desarrollado el lenguaje,
mayores posibilidades de aprender bien.**

Aprender a seguir direcciones

Estar acostumbrados a prestar atención y a seguir direcciones ayudará mucho a sus hijos en la escuela. Usted pueden ayudarles a desarrollar su capacidad de atención y a acordarse de lo que oyen.

Sugerencias prácticas

1. Juegue con los niños a darles una serie de direcciones que deben seguir en el orden en que ustedes les den. No deben empezar a cumplirlas hasta que usted les haya dado la lista completa. Por ejemplo: *Ve hasta la puerta. Agáchate. Ve hasta la ventana. Toca el cristal. Regresa.*

   Algunas instrucciones pueden incluir distinto tipo de movimiento: *Ve hasta el sofá*

saltando como una rana. Levanta los brazos.
Acércate al estante de libros. Encuentra uno de
cubierta roja. Regresa saltando en un pie.

2. <u>Ayúdeles a reconocer la izquierda y la derecha</u>.
Mencionen estos conceptos cada vez que
sea posible, en la casa, en el auto, o en la
calle. Digan: *Ahora doblamos a la izquierda. En*
la   esquina   tomaremos   la   derecha. De
instrucciones usando izquierda y derecha.
Por ejemplo: *Coloca el tenedor a la izquierda del*
plato. Ven, siéntate en el sofá a mi derecha. Por
favor, tráeme la caja de la derecha.

Acostumbremos a los niños
a aprender con alegría.

Ayudar a los niños al empezar la escuela

Si sus hijos van a la escuela sin miedo y con ilusión por participar, se les hará más fácil aprender.

Hay varias cosas que los padres pueden hacer para facilitar el que los niños lleguen bien preparados.

Además de enseñarles buenos modales y disciplina, orden y atención, que ya hemos explicado, los padres pueden familiarizar a los niños con la escuela.

Sugerencias prácticas

1. <u>Lleve a sus niños a visitar la escuela</u>. Si el patio de la escuela está abierto para que los niños jueguen después de horas de escuela, lléveles a jugar allí.

Caminen con ellos por los pasillos, enséñeles

dónde está la dirección, dónde están la
cafetería y los baños y, si lo sabe, cuál es el
aula donde asistirá a clases.

Si es posible, participe en sesiones para
padres y en otros programas o festividades.

2. Hable con sus vecinos. Si hay otros niños que
van a empezar a la escuela, planeen caminar
juntos y entrar juntos a la escuela.

3. Conversen sobre sus propias experiencias de la
escuela. Cuénteles lo que recuerda de sus
primeros días de escuela.

4. Visiten la biblioteca pública. Pídale a la
bibliotecaria que le preste libros para niños
sobre el primer día de escuela. Hay muchos
libros muy simpáticos sobre este tema.
Llévelos a casa y léanlos varias veces.
Conversen sobre las experiencias de los
personajes en los libros.

5. <u>Averigüe el nombre de la maestra o el maestro.</u> Apréndalo y enséñeselo al niño o a la niña. Si es posible hagan una cita con el maestro o la maestra y lleve a su hijo o su hija a conocerle.

6. <u>Asegúrese de que el niño o la niña sabe bien su nombre y apellidos, su dirección y su teléfono.</u>

7. <u>De mucha importancia al primer día de escuela de sus hijos.</u> Es un momento muy importante en sus vidas. Planee la ropa que se van a poner. Si es posible, cómpreles una mochila nueva y útiles nuevos que llevar a la escuela. No se trata de gastar mucho dinero, sólo de demostrar que usted le da mucha importancia a la educación y a lo que ese momento significa.

8. <u>Acompañe a sus hijos el primer día de escuela.</u> Lléveles hasta la puerta del salón, pero no se quede después de que los niños hayan entrado. Es mejor que se inicien por sí mismos.

9. <u>Ofrézcase para prestar servicios voluntarios en la escuela</u>. Los niños cuyas familias se interesan por la escuela, generalmente tienen un mejor rendimiento.

> **Demostrarles a sus hijos**
> **con sus acciones**
> **que usted valora la educación**
> **es darles un mensaje muy importante.**

Tesoro de refranes y adivinanzas

Refranes

Los refranes son expresiones de la cultura tradicional. Aunque no todos contienen verdades, muchos de ellos tienen valiosas enseñanzas. Conocerlos es importante. Reflexione con sus hijos sobre lo que significan éstos:

Dime con quién andas, y te diré quién eres.

Quien a buen árbol se arrima,

buena sombra le cobija.

Haz bien y no mires a quien.

Obras son amores y no buenas razones.

Más rápido se coge al mentiroso, que al cojo.

No importa si te caes,

lo importante es que te levantes.

Camarón que se duerme, se lo lleva la

corriente.

El haragán trabaja doble.

La avaricia rompe el saco.

Adivinanzas

Las adivinanzas divierten y estimulan a pensar.

Tengo hojas sin ser árbol.

Te hablo sin tener voz.

Si me abres, no me quejo.

Adivina quién soy.   *[el libro]*

A pesar de tener patas

no me sirven para andar.

Tengo la comida encima

y no la puedo probar.   *[la mesa]*

Verde como loro

bravo como toro.   *[el chile verde]*

Camina con la cabeza

y no tiene pereza.   *[la pelota]*

Tesoro de fábulas

EL RATONCITO Y EL LEÓN

**Nueva versión de una fábula de Esopo
por Alma Flor Ada**

Una tarde el ratoncito regresaba a su casa. Corría a través de la selva. De pronto una zarpa enorme cayó sobre él.

¡Lo había cazado el león!

—No me coma, por favor —rogó el ratoncito.

—Y ¿por qué no? —rugió el león.

—Mi familia me espera —explicó el ratoncito.

—Se morirán de pena si no regreso.

—Está bien —contestó el león. —Te soltaré.

—Gracias, muchas gracias —exclamó el ratoncito agradecido. —Espero poder hacerle un favor algún día.

—Ja, ja, ja —se rió el león a carcajadas— ¡Tú, tan chiquito vas a hacerme un favor a mí! ¿No sabes que soy el rey de la selva?

Una mañana los cazadores vinieron a la selva.
Venían a cazar animales. Colocaron distintas trampas por toda la selva.

El león no vio la trampa. De momento estaba preso en una red de gruesas sogas. Trató de zafarse. Pero mientras más se revolcaba en la red, más atrapado quedaba. Entonces rugió de rabia y de pena.

El ratoncito oyó los rugidos del león. Y acudió a ver qué le pasaba;
—No se desespere, señor León. Voy a liberarlo.

El león no sabía quién le hablaba con aquella vocecita tan suave. Pero se quedó tranquilo.
La vocecita volvió a hablarle.
—Siga tranquilo un poco más. Ya no falta mucho. Pronto estará libre.

Al fin el león pudo soltarse. ¡Estaba libre!

El ratoncito, agradecido, había roído con sus afilados dientecitos la red que tenía prisionero al rey de la selva.

EL CUERVO Y LAS PLUMAS DE PAVO REAL

Nueva versión de una vieja fábula
por F. Isabel Campoy

En aquel bosque vivían muchas aves distintas. Había pájaros carpinteros de cabeza colorada que golpeaban los troncos de los árboles para encontrar gusanos, y luego usaban los huecos que habían creado para almacenar bellotas. Había palomas grises que andaban siempre en parejas y tenían un dulce arrullo. Había pajaritos que saltaban en las ramas, amarillos, grises, moteados. Entre todos ellos las aves más vistosas eran los pavos reales. Las largas plumas de sus colas terminaban en un círculo de azul brillante.

Las plumas del cuervo no tenían color. Eran negras y hermosas como la noche sin estrellas y brillaban como un trozo de obsidiana, la piedra que creaba la lava cristalizada de los volcanes. Pero el cuervo no se daba cuenta de la belleza de sus plumas. Y por eso, al ver que los pavos reales perdían algunas plumas de la cola que iban quedándose esparcidas por el campo decidió recogerlas.

Y, sin pensarlo dos veces, se adornó con las plumas y salió de paseo. *Iré a ver a los pavos reales. Seguramente estarán felices de tener un nuevo amigo*, pensó el cuervo. Y se acercó a donde estaban los pavos reales.

—¡Buenos días, hermanos! —dijo el cuervo, con voz acicalada.

—¿Y quién eres tú? —gritaron todos los pavos reales a la vez.

Y, sin dejarlo contestar, dándose cuenta que era un cuervo vestido con sus plumas abrieron sus colas en forma de abanico.

El cuervo, sabiendo que él no podía hacer lo mismo, se alejó, con la cabeza baja, pensando qué tonto había sido.

¡Claro! se dijo. *No son los pavos reales quienes van a admirar estas plumas, ya que ellos tienen más y mejores. Es a los cuervos a quienes tengo que enseñárselas. No podrán resistir su belleza.*

Y pensando de esta manera, llegó hasta donde había un grupo de cuervos.

—¡Buenos días, hermanos! —dijo el cuervo, con voz acicalada.

—¿Y quién eres tú? —gritaron todos los cuervos a la vez.

Y, sin dejarlo contestar, todos abrieron sus alas y salieron volando a las ramas del árbol más alto. Desde allí vieron cómo el cuervo disfrazado tropezaba con las plumas de pavo real que llevaba pegadas al cuerpo y caía al suelo cada vez que intentaba volar.

Triste y solo el cuervo se marchó. Iba pensando en lo equivocado que había sido su plan y lo tonto que es querer ser quien uno no es. Y se quitó las plumas de pavo real.

Después de un rato llegó a un lago en el medio del bosque. El sol brillaba con fuerza sobre el lago. Y el cuervo se acercó a la orilla a beber. Al inclinarse sobre el agua vio su reflejo.

Bañadas por el sol sus plumas brillaban. Y pensó: *Mis plumas son bellas como eran las plumas de mi madre, como las plumas de mi padre, como las de mis abuelos.*

Y se echó a volar. Revoloteaba sobre el lago, para que el sol le sacara destellos de luz a sus plumas, negras como la hermosa noche sin estrellas, relucientes como la piedra de obsidiana que crea la lava del volcán al enfriarse.

EL GALLO Y LA ZORRA

Nueva versión de una vieja fábula
por F. Isabel Campoy

Doña Mariana, la dueña de la granja, estaba preocupada. En los últimos tiempos una zorra había estado merodeando su gallinero y ya se había llevado tres buenas piezas del corral, dos gallinas y un polluelo. Para estar preparada, por si a la zorra se le ocurriera volver, Doña Mariana, decidió tener a la mano un buen palo para asustar al ladrón de gallinas.

Mientras tanto, la zorra seguía buscando la oportunidad de seguir dándose banquetes con las buenas piezas que la granja le proporcionaba, y por fin, una mañana muy temprano, volvió al ataque.

El gallo, que había visto el palo de Doña Mariana, se había acostado a dormir, tranquilo y sin temor de que la zorra fuera tan tonta que se acercara a un lugar que estaba tan bien protegido. Así que dormía a pata suelta cuando notó que alguien le agarraba por un ala.

—Pero ¿qué haces? ¿cómo te atreves a atacarme a mí que soy el gallo del corral? — gritó el gallo con toda la potencia de voz que le daban sus pulmones:

—¡¡¡Ki-ki-ri-kí!!!

Frente a aquel griterío todos se alborotaron en el corral.

El perro ladró: —Guau, guau

El gato maulló: — Miau, miau

El burro rebuznó:— Jee-jau

El cerdo gruñó: — Oinc, oinc

La oveja baló: — Baaaaa

El caballo relinchó:— Iiiiiiia, iiiiou

La paloma arrulló: —Cu-curru-cu-có

y la dueña se despertó.

Doña Mariana no lo pensó dos veces y salió corriendo detrás de la zorra:

—Suelta a mi gallo o probarás este palo —le gritó.

El gallo sabiendo que su vida dependía de que se produjera un milagro, le dijo a la zorra:

—Tienes que convencer a Doña Mariana de que es inútil que te persiga.

Dile que tú eres la zorra más rápida del bosque.

La zorra que andaba tropezando con cada animal que se le ponía en su camino, pensó que aquella sería una buena estrategia para salir con vida y con un gallo para la cena. Y se decidió a seguir el consejo del gallo.

Pero, al abrir la boca, para gritarle a la dueña que nunca la alcanzaría, el gallo, viéndose suelto, se impulsó con las alas y se subió a la rama más alta de un árbol cercano. Desde allí le gritó a la zorra:

— Recuerda siempre este consejo:
"Quien mal anda mal acaba"

Tesoro de poemas

Hablar como tú
– F. Isabel Campoy

Abuelita,
quiero hablar como tú,
para decirte muy quedo,
quedito,
cuánto te quiero.

Mi abuelita me dará
– Alma Flor Ada

A, a, a, mi abuelita me dará
E, e, e, una tacita de té
I, i, i, pan dulce yo le pedí
O, o, o, enseguida me lo dio
U, u, u, es especial como tú.

La casa
– F. Isabel Campoy

Mi casa tiene paredes
que me protegen del viento;
techo, porque a veces llueve;
una cama donde sueño;
mesa para comer y estudiar.
Sobre todo tiene mi casa
una familia a quien amar.

Canción del abecedario
– Alma Flor Ada

A, B, C, Ch, D,
E, F, G, H, I,
J, K, L, Ll, M,
N, Ñ, O, P, Q
R, S, T, U, V,
W, X, Y, Z,
Ya me sé el abecedario
y pronto me graduaré.

Me sé las letras de lo mejor.
Pronto voy a ser doctor.

Las aprendí en una hora.
Pronto voy a ser doctora.

Ya me sé el abecedario
y pronto me graduaré. ¡Lo sé!

La violeta
– F. Isabel Campoy

Pequeñita
y coqueta
la morada
violeta.

La fiesta de disfraces de las vocales
- F. Isabel Campoy

A su fiesta de disfraces
invitó el sapo a las vocales.

La O se vistió de sol.
La A de arco iris.
La I se vistió de risas
y se olvidó ponerle camisas.
La E, al verlas venir dijo: —Je,je,je.
Y la U le preguntó:
—¿De qué vas vestida tú?

Mis sentidos
- Alma Flor Ada

Dos ojos para mirar,
dos oídos para oír,
diez dedos para tocar
una nariz para oler
y una boca
para comer y probar,
para hablar,
para reír y cantar.

Mis oídos
– Alma Flor Ada

Me gusta escuchar
la voz de mamá
y me encanta oír
reír a papá.
    Me gusta escuchar
    a la abuelita
    contándonos cuentos
    de tardecita.
Me encanta la música
alegre y sabrosa;
pero más que nada
quiero:
    ¡oír hablar
    a una mariposa!

¡Qué risa el cangrejo!
– F. Isabel Campoy

¡Qué risa,
ay, qué risa!
Qué risa me da
ver a un cangrejo
andar en el mar.
Va de lado
a la derecha
pero derecho
no va.
¡Ay, qué risa!
Qué risa me da
ver a un cangrejo
andar en el mar.

Familia
– F. Isabel Campoy

Familia,
ellos conmigo
y yo,
¡adelante!

¡Adelante!
A construir caminos
que nos lleven juntos
a una vida justa y alegre.

¡Adelante!
A cruzar los puentes
que nos abran mundos
y un nuevo horizonte.

Cariño de familia
– Alma Flor Ada

Dulce,
como el arroz con leche de abuelita.
Firme,
como los brazos de papá.
Fresco,
como el pelo recién lavado de mi hermana.
Tibio,
como el abrazo de mamá.

Día de las madres
– F. Isabel Campoy

Para tu fiesta,
mamita, mamá,
te traeré una cesta
de flores, no más.
Te cantaré canciones,
te pintaré todo el mar.
Te daré mil besos.
Te quiero mucho, mamá.

Derechos de los niños
– Alma Flor Ada

Todas las niñas tienen
derecho a saber,
a escuela y a libros,
a jugar y a aprender.

Todos los niños tienen
derecho a ser sanos,
a casa y a comida,
a mucho cuidado.

Niñas y niños tienen
derecho al respeto
y la justicia es
de todos derecho.

Cuida la vida
- F. Isabel Campoy

Cuida la flor, que es tuya.
Cuida el agua, que es tuya.
Cuida los árboles y las rosas
y también las mariposas.

Cuida el campo.
Cuida la playa.
Cuida la vida,
la tuya, la mía y la de los demás.

Más que el oro
- Alma Flor Ada

El beso de mi mamá
vale mucho más que el oro.
La sonrisa de abuelita
vale mucho más que el oro.
El cariño de papá
vale mucho más que el oro.
El cuento de mi abuelito
vale mucho más que el oro.
La risa de mi hermanito
vale mucho más que el oro.
Mi verdadero tesoro:
¡la familia que yo adoro!

La rosa blanca
– *José Martí*

Cultivo una rosa blanca
en junio como en enero
para el amigo sincero
que me da su mano franca.
Y para el cruel que me arranca
el corazón con que vivo
cardos ni ortigas cultivo
cultivo una rosa blanca.

Tu abecedario
– *Rosalma Zubizarreta*
[inspirado en un poema de Red Grammer]

Te veo
amable, agradable
amante de la bondad
bienandante
capaz y constante
con mucha chispa
decente
ejemplar y eminente
fuerte, fascinante
genial y gentil
de mucha honestidad
interesante e impresionante
¡una joya!
corazón de la justicia
laudable y loable
llenas la vida de maravilla
muy naturalmente noble

¡ñeque!
original, optimista
paciente y perspicaz
¡cómo te quiero!
radiante, razonable, sensible
tenaz, tenaz, tenaz,
tu presencia es única
y útil
eres valiente y vivaz
extraordinariamente
excelente
y,
¡ya sé!
un zafiro que brilla
con amor y alegría
brindando cariño
apoyo y paz.

El color de mis ojos
- F. Isabel Campoy

¿De qué color ven el mar
los ojos negros?
Y los azules,
¿lo ven igual?

Adelante
- F. Isabel Campoy
¡Adelante!
Entra en la ilusión
que vive oculta
en tu corazón.

Secreto de la amistad
– Alma Flor Ada
¿Secreto de la amistad?
Si quieres un buen amigo,
dedícate de verdad
a ser buen amigo tú.

¡Qué cosa divertida es pensar!
– F. Isabel Campoy
La maestra me dice a veces:
—¿Dónde dejaste el lápiz? Piensa, piensa.
Y cuando pienso, allí está.
—Lo dejé en mi cartera—le digo y pienso
que pensar es recordar.

Mi mamá me dice a veces:
—Va a ser tu cumpleaños, piensa, piensa,
¿a quién quieres invitar?
Y cuando pienso, allí están:
—A Eduardo, Lupita y Juan —le digo y pienso
que pensar es desear.

Mi amiga me dice a veces:
—¿A qué vamos a jugar? Piensa, piensa,
Y cuando pienso, allí está:
—Hoy seremos astronautas—le digo y pienso
que pensar es divertido
porque pensar es soñar.

Ser latino
– F. Isabel Campoy

Los nombres son importantes,
nos unen o nos separan,
identifican o segregan,
reagrupan, anuncian y proclaman
las raíces de nuestra herencia,
el sabor de nuestra cultura,
los colores de un destino.

¿Qué es ser latino?
En el continente americano
hay veinte nombres
para quienes hablamos español.
En Suramérica somos
argentino y chilenos,
uruguayos y paraguayos,
bolivianos y peruanos,
ecuatorianos y colombianos,
venezolanos.

En Centroamérica:
panameños,
costarricenses,
nicaragüenses, hondureños,
guatemaltecos y salvadoreños.

En el Caribe:
cubanos, puertorriqueños
y dominicanos.

En Europa:
españoles.

En Norteamérica:
mexicanos, en México.
y en los Estados Unidos,
latinos.

Ser latino significa
recordar y construir
ser parte de un nuevo presente
sin dejar atrás el pasado.
Pertenecer a cien razas diferentes
y aceptar cuanto corre,
libremente,
por nuestras venas.

Nuestra piel
es el arcoíris de una historia
universal, rica, valiosa.
Hemos cruzado océanos y sangre
hasta ser quienes somos,
gota a gota,
indígenas de las Américas,
y europeos, asiáticos y africanos,
hijos del sol
y de la luna:
latinos y latinas.
Ser latino o latina
es ser heredero de sabios,
arquitectos, astrónomos,
matemáticos;
es ser heredero de creadores,
músicos, muralistas, poetas.
Es ser cantores de nuestro orgullo
y de la alegría de nuestras razas.

Es ser caminantes de un camino
que seguimos haciendo
cruzándolas fronteras del destino
al andar.

¡Siempre adelante!

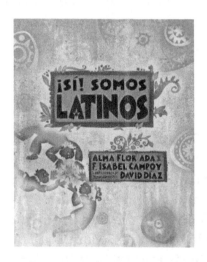

LIBROS INFANTILES POR ALMA FLOR ADA Y F. ISABEL CAMPOY

RIMAS Y FOLKLORE TRADICIONAL – LIBROS BILINGÜES

Mamá Goose: A Latino Nursery Treasury. Hyperion
Muu Moo. Animal Nursery Rhymes. HarperCollins
Pío Peep. Hispanic Nursery Rhymes. HarperCollins
Ten Little Puppies/Diez perritos. HarperCollins

POESÍA Y CANCIONES – LIBROS Y CDs*

Abecedario de los animales. Espasa
Arrullos de la sirena. Panamericana
Coral y espuma. Espasa
Gathering the Sun [bilingüe]. HarperCollins
Música amiga. Mariposa Transformative Education
Poesía eres tú. SantillanaUSA
Salta saltarín. Frog Street
Todo es canción. SantillanaUSA
CDs producidos por Mariposa Transformative Education

LEYENDAS Y CUENTOS TRADICIONALES
Cuentos que contaban nuestras abuelas. Simon & Schuster
El gallo que fue a la boda de su tío. Frog Street
Mediopollito/Half-chicken. Dell
La lagartija y el sol/The Lizard and the Sun. Dell

PUERTAS AL SOL. SantillanaUSA
Antologías poéticas:
Pimpón * Antón Pirulero * Mambrú * Chuchurumbé
Antologías de teatro:
Gato Garabato – Don Crispín – Polichinela – Doña Rosita
Biografías:
Sonrisas [Pablo Picasso, Gabriela Mistral, Benito Juárez]
Pasos [Rita Moreno, Fernando Botero, Evelyn Cisneros]
Voces [Luis Valdés, Judith F. Baca, Carlos J. Finlay]
Caminos [José Martí, Frida Kahlo, César Chávez]
Tierras hispanas:
El vuelo del quetzal * En alas del cóndor * Ojos del jaguar
Arte:
Azul y verde * Brocha y pincel * Lienzo y papel * Caballete

Lenguaje:
**El cumpleaños de Caperucita Roja * El nuevo hogar de
los siete cabritos * Ratoncito Pérez, cartero * Uno, dos,
tres. ¡Dime quién es!**

VAMOS A CELEBRAR. SantillanaUSA
[Doce libros que combinan un cuento y la información
sobre una celebración importante]
**Día de Martin Luther King Jr. * Año nuevo chino *
Mardi Grass * Día de San Patricio * Cinco de Mayo *
Cuatro de Julio – Pow Wow * Día de los Muertos *
Acción de Gracias * Hannukah * Kwanzaa * Navidad y
Reyes Magos**

CUENTOS ORIGINALES – LIBROS DE IMÁGENES
Atentamente, Ricitos de oro. SantillanaU SA
Cristina y la rana. Frog Street
Extra, extra. SantillanaUSA
La moneda de oro. Everest
Me encantan los Saturdays y domingos. SantillanaUSA
Mi día de la A a la Z. SantillanaUSA
¡Quiero ayudar!/Let Me Help. Lee & Low

CUENTOS PARA TODO EL AÑO. SantillanaUSA
**Rosa alada * La sorpresa de Mamá Coneja * La piñata
vacía * Cómo nació el arcoíris * Después de la tormenta
* La hamaca de la vaca * El papalote * El susto de los
fantasmas * ¿Pavo para la Cena de Gracias? ¡No, gracias!
* La jaula dorada * ¡No quiero derretirme! * No fui yo.**

LIBROS PARA CONTAR. SantillanaUSA
**Amigos * El canto del mosquito * Me gustaría tener *
¿Quién nacerá aquí? * Una extraña visita**

MEMORIAS INFANTILES
Tesoros de mi isla. SantillanaUSA

LIBROS DE CAPÍTULOS Y NOVELAS
Con cariño, Amalia. Simon & Schuster
El vuelo de los colibríes. Laredo
Encaje de piedra. Mariposa Trans. Educ.
Me llamo María Isabel. Simon & Schuster
Nacer bailando. Simon & Schuster

Available from: **www.delsolbooks.com**

Made in the USA
Middletown, DE
07 May 2022

65441820R10066